UNSERE NATUR IN
101
FRAGEN
Alain Grée + Luis Camps

DIE PFLANZEN

Deutsch von Karin Weber

FAVORIT VERLAG · RASTATT

Hier hat ein Vogel ein Büschel Beeren gepflückt. Eine davon fällt zur Erde. Daraus entsteht die neue Pflanze.

Die Samen der Ulme (rund) und des Ahorns (länglich) haben Flügel. Dadurch treibt der Wind sie an andere Orte.

Beim Honigsammeln fliegt die Biene von Blüte zu Blüte und nimmt dabei Blütenstaub mit, der an den Beinchen hängenbleibt.

Die Löwenzahnsamen fliegen dank ihrer kleinen, zarten Fallschirmchen mit dem Wind davon. Kleine Tiere in Feld und Wald legen sich einen Vorrat an Früchten für den Winter an.

Wie verteilen sich die Samen?

Habt ihr gewußt, daß das Entstehen einer neuen Pflanze oft ganz schön umständlich ist? Alles beginnt im Innern der Frucht. Diese wächst auf Bäumen, Sträuchern oder niedrigen Pflanzen. Sie enthält einen oder mehrere Samen. Sobald die Früchte reif sind, fallen die Samen heraus und verteilen sich in der Natur.

Nun beginnt die große Reise. Wenn auch die meisten Samen nah bei der Frucht niederfallen, so werden andere dafür weit fortgetrieben. Dort schlagen sie Wurzeln, und die junge Pflanze entsteht. Wie machen sich die Samen auf den Weg?

Mit dem Wind. Die Ulmen- und Ahornsamen haben kleine Flügel, durch die sie weite Strecken zurücklegen können. Die Löwenzahnsamen treiben wie kleine Fallschirmchen in der Luft.

Auf dem Wasser. Samen, die in einen Bach gefallen sind, werden von der Strömung mitgerissen. Das kann tagelang dauern. Bei Seerosen und Schilfrohr ist das oft der Fall.

Durch Tiere. In ihrem Fell bleiben manche Samen hängen. Andere bleiben im Schmutz unter ihren Füßen kleben; wieder andere werden von Insekten eingesammelt oder von Vögeln im Schnabel mitgenommen. Die verlieren sie dann im Flug. Schließlich gibt es noch Samen, die z. B. von Eichhörnchen als Nahrungsvorrat gesammelt werden; manche gehen verloren oder werden vergessen. Daraus entstehen neue Pflanzen!

Die Mohnkapseln springen auf, sobald sie reif sind. Der Wind treibt die Samen davon.

Was bringt die Samen zum Wachsen?

Wie jeder weiß, entstehen auf einem Hühnerhof die jungen Küken dadurch, daß die Hennen mit ihrem Körper die Eier lange genug warm halten. Nun legen zwar die Pflanzen keine Eier, aber sie bringen Samen hervor. Und ein Samenkorn ist wie ein Ei. Beide haben im Innern einen Keim. In diesem Fall entwickelt er sich zu einer Pflanze. Aber wie? Es genügt schon, wenn das Samenkorn bei gutem Wetter auf feuchten Boden fällt. Dann ist es nur noch eine Frage der Zeit. Doch eines merkt euch: Die Natur nimmt ihre Aufgaben immer sehr genau. Die neue Pflanze wird später auch wieder Samen hervorbringen, aus denen wieder junge Pflanzen entstehen, sobald sie in die Erde fallen.
Schaut euch nur um: Tausende von Tieren und Pflanzen entstehen in jeder Sekunde. Wenn ihr die Augen aufmacht, seht ihr sie vielleicht wachsen!

Entwicklung der Bohne

1 Weiche eine Bohne etwa 8 bis 10 Stunden in Wasser ein. Stecke sie dann in feuchte Erde.

2 Nach 4 Tagen platzt die Schale der Bohne auf, die erste Wurzel kommt hervor und wird von Tag zu Tag länger.

3 Nach 8 Tagen bilden sich zwei Blätter und wachsen schnell.

4 Noch mehr Blätter bilden sich und auch Blüten; die verwelken wieder, um den Früchten Platz zu machen.

Entwicklung der Kartoffel

1 Vergrabe im Frühling eine Kartoffel etwa 20 cm tief in der Erde.

2 Nach einem Monat haben sich die Keime gebildet. Blätter sprießen, die Wurzeln werden länger. Zwei Monate später erscheinen die Blüten.

3 In der Erde bekommen die Wurzeln an ihren Enden Knollen.

4 Es ist Sommer. Die Blätter entfalten sich. In der Erde sind aus den Knollen schöne Kartoffeln geworden.

Wie macht man ein Herbarium?

Die schöne Jahreszeit ist da. Im Park und auf den Wiesen bringt die Sonne Tausende Blüten hervor. „Wenn es aber erst wieder Winter ist", überlegen Patrick und Sabine, „was wird dann aus all diesen kleinen Naturwundern?" Dürre Pflanzen, die von der Kälte und dem Regen ganz dunkel sind. Es gibt aber eine Möglichkeit, wie man die Blumen haltbar machen kann. So sind sie auch noch schön, wenn die warme Jahreszeit vorbei ist: Man sammelt sie in einem Herbarium. Ihr werdet sehen, es ist gar nicht schwer und macht viel Spaß!

1 Das Sammeln

Sucht die Blumen aus, die euch am besten gefallen. Schneidet die Stengel mit einem Taschenmesser oder einer Schere ab und steckt sie in eine Plastiktüte. Zarte Blumen werden zwischen die Seiten eines Buches gelegt, das man dabeihaben sollte.

2 Das Trocknen

Daheim sortiert ihr die schönsten Blumen noch einmal aus und legt sie zwischen zwei Löschpapierblätter. Die legt ihr dann zwischen zwei Schichten zusammengefaltete Zeitungen. Darauf kommen die schwersten Bücher, die ihr habt. Diese dicken Papiermatratzen saugen die Feuchtigkeit auf.

3 Langsames und schnelles Trocknen

Man muß viel Geduld haben. Die Blumen müssen 3 bis 5 Tage in ihrer Trockenpresse bleiben. Wenn ihr nicht warten wollt (wie Patrick und Sabine), dann legt ihr eure Blumen auf das Löschblatt, dann kommt etwas Baumwollstoff drauf, und sie werden mit Mamas Bügeleisen vorsichtig gebügelt. Dreißig Sekunden reichen, um eine Pflanze zu trocknen.

4 Auf Papier kleben

Wenn die Blumen getrocknet sind, nimmt man weißes Papier und befestigt darauf die Blütenstiele mit Tesafilm.

5 Eine schöne Sammlung

Auf das Blatt wird unten draufgeschrieben, wann und wo die Blume gepflückt wurde (das ist leicht). Dazu kommt der Name jeder Blume. Das ist schon schwerer. War das eine Primel, eine Iris oder Anemone? Dazu müßt ihr vielleicht eure Eltern fragen, einen Gärtner in der Nähe oder in einem Blumengeschäft. Wenn schon ein paar Blätter fertig sind, könnt ihr sie in eurem Zimmer an die Wand hängen oder in einen Einband heften. Dann habt ihr das schönste Herbarium, das man sich vorstellen kann!

Man kann verschiedene Blumen zusammen trocknen

schwere Bücher

gefaltete Zeitung

Löschblatt

Blumen

Löschblatt

gefaltete Zeitung

Primel, gepflückt am 20. Juni im Stadtpark

Wie wird Wein hergestellt?

Schon seit Monaten haben die Arbeiter des Weingutes (man nennt sie Winzer) die Erde zwischen den Rebstöcken gehackt, haben Schädlinge bekämpft und Stengel abgeschnitten, damit der ganze Saft in die Trauben geht. Nun ist es Zeit, die Reben zu ernten oder zu lesen, wie man sagt. Tafeltrauben werden sehr behutsam gesammelt. Sie sollen auf dem Tisch ja schön aussehen. Die anderen werden zu Wein verarbeitet. Aber bevor er auf den Tisch kommt, braucht es noch viele Monate Pflege und Arbeit, damit er gut wird. Der beste Wein ist alter Wein. Wieder muß man warten können. Wenn ihr erwachsen seid, können wir ihn zusammen trinken!

blaue Weintrauben

weiße Weintrauben

1. Wenn die Trauben reif sind, werden sie mit der Rebschere abgeschnitten, in Körben gesammelt und auf dem Rücken in Bütten transportiert.

2. Der Inhalt der Bütten wird in die Presse umgefüllt, wo die Früchte zerquetscht und gefiltert werden, so daß nur der Saft der Trauben übrigbleibt.

3. Der Saft wird nun in großen Fässern aufbewahrt. Man muß ihn täglich aufmerksam pflegen, wenn ein guter Wein daraus werden soll.

4. Ein paar Monate später wird der Wein in Flaschen abgefüllt. Dann muß er noch monatelang vor Licht geschützt gelagert werden.

5. Schließlich bekommen die Flaschen ein beschriftetes Etikett und kommen in die Geschäfte. Dort stehen sie zur Auswahl in den Regalen.

6. Mama hat eingekauft. Plopp! So hört es sich an, wenn Papa den Korken aus der Flasche zieht. Dann gießt er langsam ein. Ein guter Wein!

Der Igel mag alle Arten von Schnecken und Insekten.

Die Spitzmaus ernährt sich von Würmern, Wespen und Ameisen.

Die Fledermaus fängt geflügelte Insekten im Flug.

Das Wiesel frißt Feldmäuse, Wühlmäuse und Ratten. Aber auch Hühner.

Der Frosch hat Schnecken und Würmer am liebsten.

Die Eidechse schätzt besonders Insekten, Raupen und Würmer.

Die Kröte hat denselben Geschmack wie ihr Freund, der Frosch.

Die Schildkröte hat eine besondere Vorliebe: Tausendfüßler!

Wer pflegt unseren Garten?

Mit all seinen Blumen, Sträuchern und Bäumen ist so ein Garten das Paradies für Tausende kleiner Tiere. Besonders wenn es Wasser gibt und immer gut gegossen wird! Dann finden nämlich Weinbergschnecken, Raupen, Würmer, Nacktschnecken und Schwärme von Insekten reichlich Nahrung und machen sich über alles Grüne her. Ihr Appetit ist so gewaltig, daß die Pflanzen eingehen können. Zum Glück hat der Garten auch Freunde, die ihn beschützen. Schwalben, Grasmücken (eine Vogelart), Igel und auch Schildkröten jagen die Vielfraße. „Und noch eine Wespe!" piepst die Spitzmaus. „Und noch eine Schnecke!" freut sich der Igel. Patrick und Sabine können ruhig schlafen: ihre Beete werden gut bewacht...

Der Specht fliegt kilometerweit für ein Ameisenessen!

Der Marienkäfer verbringt seine Tage mit dem Verspeisen von Blattläusen.

Die Schwalbe fängt Insekten im Flug.

Der Spatz mag gern Mücken, aber auch Körner!

Die Blaumeise rafft Schaben und Asseln dahin.

Das Rotkehlchen zieht Raupen allem anderen vor.

Die Eule und das Käuzchen vertilgen vor allem Wühlmäuse.

Die Grasmücke befreit die Büsche von gefräßigen Blattläusen.

Wie wächst ein Baum?

Bäume sind wie menschliche Lebewesen. Sie kommen zur Welt, wachsen im Lauf der Jahreszeiten, und wenn die Zeit gekommen ist, verlassen sie den Wald, wo sie ihr Leben verbracht haben.
Einige enden als Feuerholz; andere werden zu Brettern verarbeitet, dann zu Möbeln, Weinfässern vielleicht, Kisten oder Häusern. Jetzt aber still, denn die Geschichte beginnt!

1 Ein Samenkorn, das vom Wind hergeweht wurde, hat im Waldboden gekeimt. Nach mehreren Tagen sprießt ein Schößling aus der Erde. Zunächst hat er die Größe eines Gänseblümchens, dann einer Butterblume.

2 Das Pflänzchen hat sich schnell entwickelt. Nach ein paar Monaten sind aus dem ganzen Stiel Zweige hervorgewachsen, die sich schon ganz zart im Wind wiegen. Ein kleines Bäumchen ist entstanden.

3 Das Bäumchen ist nun ausgewachsen. Ein großer Baum ist daraus geworden, der alle anderen überragt. In seinen Ästen haben sich der Specht, das Eichhörnchen, die Meise und die Nachtigall ihre Nester gebaut.

4 Aber was geschieht denn jetzt? Die Vögel sind ausgeflogen, und alle Kaninchen haben das Weite gesucht. Die Holzfäller kommen, um eine Lichtung zu schlagen. In kaum einer Minute wird auch unser Baum fallen…

5 Er wird auf die Seite gelegt, fortgezogen und auf einen Lastwagen verladen. Unsere stolze Tanne ist nur noch eine leblose Masse Holz und Nadeln. Wo fährt man sie hin? Ob sie wohl in einem Kamin verbrannt wird?

6 Nein, liebe Freunde, unseren braven Baum erwartet eine schöne Überraschung, als er abgeladen wird! Er wird mitten in ein Wohnzimmer gestellt und mit bunten Kugeln, Girlanden und brennenden Kerzen geschmückt; hat man je einen schöneren Christbaum und glücklichere Kinder gesehen?

Was wird aus Holz gemacht?

Die Bäume wachsen in den Wäldern, werden groß mit dem Gesang der Vögel, und im Lauf der Jahre werden auch sie alt. Damit die alten Stämme nicht von selbst verfaulen, sägen die Holzfäller sie in Teilstücke und transportieren sie zum Sägewerk, wo sie verkauft werden. Was wird dann mit ihnen gemacht? Je nach der Qualität des Holzes werden unterschiedliche Dinge daraus hergestellt: In Fabriken werden sie zu Streichhölzern, Möbeln, Schiffsplanken oder Telegrafenmasten verarbeitet; Handwerker fertigen Holzpantinen, Instrumente, Gefäße, Statuen oder auch Fässer daraus. Jedes Holz wird nach seiner Geschmeidigkeit, seinem Gewicht, der Härte und Widerstandskraft gegen Wasser und Hitze ausgewählt. Und wofür etwa eine Weide oder Pappel gut ist, dafür kann man keine Kastanie oder Eiche nehmen!

Die Weißbuche: Werkzeuggriffe

Die Kiefer: Dachstühle von Häusern

Die Lärche: Schiffsmasten

Die Esche: Leitern

Der Ahorn: Geländer

Die Vogelkirsche: Saiteninstrumente

Die Eiche: Möbel

Die Weide: Korbmöbel

Der Olivenbaum: Eßgeschirr

Die Kastanie: Zäune

Die Fichte: Masten

Die Eberesche: Zollstöcke

Der Kirschbaum: Pfeifen

Was fängt man mit all den Äpfeln an?

Da ist vielleicht was los im Obstgarten! Mit den letzten schönen Sommertagen ist auch die Apfelernte gekommen. Äpfel schmecken wunderbar. Vom zeitigen Frühjahr an mußten die Obstbauern ihre Bäume gegen Raupen, Läuse und Würmer schützen. Jetzt brechen die Zweige fast unter dem Gewicht der vielen süßen, reifen Äpfel. Je nach Sorte werden die Äpfel entweder einfach so gegessen, für verschiedene Gerichte und Kuchen in der Küche verwendet, oder sie werden in der Fabrik zu Saft verarbeitet. Aber immer schmecken sie prima!

Die Tafeläpfel

Die Äpfel, die zum Essen bei Tisch bestimmt sind, werden sorgfältig von Hand gepflückt. Man soll sie aber nicht sofort essen. Man muß sie erst an einem dunklen, luftigen und frostsicheren Ort lagern, dann entwickelt sich der beste Geschmack. Nach ein paar Wochen, manchmal Monaten, kann man das leckere Obst auf den Tisch bringen.

Die Mostäpfel

Diese Früchte werden auf drei verschiedene Arten geerntet: man sammelt die Äpfel vom Boden, die von selbst heruntergefallen sind, man schlägt sie mit einer Stange herunter, oder man schüttelt einfach die Äste. Dann werden die Äpfel in einer Maschine gepreßt, bis der Saft herausläuft. Je nachdem, wie der Saft gelagert wird, können wir ihn später als Apfelsaft oder Most trinken.

Die Koch- und Backäpfel

Die Früchte werden auf dieselbe Art wie die Mostäpfel geerntet. Große Mengen davon kommen in die Fabriken, wo sie zu Marmelade, Konfitüre und Apfelbrei verarbeitet werden. Die werden dann in Gläsern im Geschäft verkauft. Man kann sie auch selbst in der Küche verwenden: Die Großmutter backt immer so duftende Kuchen daraus!

Die Spinnen befestigen ihre Netze in den Zweigen.

Die Schmetterlinge legen ihre Eier oft auf Blättern ab.

Die Wespen bauen unter einem Ast ein Wachsnest.

Viele Vögel bauen ihre Nester in den Zweigen.

Welche Lebewesen wohnen auf den Bäumen?

Es ist Sommer. Durch die Wärme entwickelt sich alles Leben in Feld und Wald. Auch auf den Bäumen geht es sehr lebhaft zu. Tausende von Tieren bevölkern die Blätter, Äste, den Stamm und selbst die unterirdischen Wurzeln. Jedes von ihnen nützt die besonderen Eigenschaften des Baumes, um Nahrung und Wohnung für seine kleine Familie zu haben. Patrick und seine Schwester Sabine haben ein unterhaltsames Spiel erfunden: Wer entdeckt die meisten „Mieter", die sich in einer jahrhundertalten Eiche verborgen halten? Wollt ihr es nicht auch einmal versuchen?

Borkenkäfer legen Gänge unter der Rinde an.

Der Specht baut sein Nest in einer hohlen Stelle.

Die Eichhörnchen ziehen ihre Kleinen im Schutz der Äste groß.

Die Dachse graben Gänge unter den Bäumen.

Wir spielen im Wald

Auf diesen Bildern sind die Umrisse von sechs Bäumen zu sehen, die in unseren Wäldern häufig vorkommen. Damit ihr sie leichter raten könnt, haben wir neben jedem Baum seine Früchte abgebildet.
Die erste ist eine Eßkastanie, daneben die eßbare Marone. Findet die andern heraus!

Lösung: 1 Kastanie, 2 Haselnuß, 3 Eiche, 4 Tanne, 5 Roßkastanie, 6 Buche

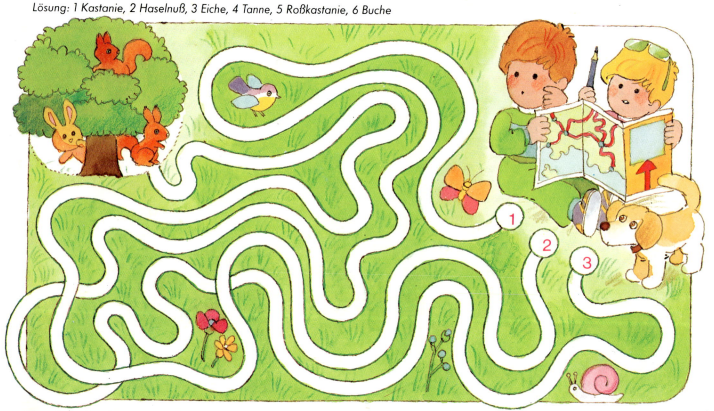

Patrick und Sabine möchten die Hasen und Eichhörnchen über die Lichtung bis zur großen Eiche verfolgen. Welchen Weg müssen sie nehmen?

Lösung: Weg Nummer 2